Michel Ragon

C'est quoi l'architecture?

dessins de
Desclozeaux

Seuil

COLLECTION DIRIGÉE PAR NICOLE VIMARD

En couverture : dessin de Desclozeaux.

ISBN 2-02-012425-4.

On parle toujours d'architecture, mais c'est quoi l'architecture ? L'appartement d'HLM dans lequel nous habitons, ou la maison individuelle, est-ce de l'architecture ? N'y a-t-il d'architecture que les palais, les églises, les châteaux ? Ou bien toute construction est-elle architecture ?

Eh bien ! justement, toute construction devrait être architecture, mais toutes les constructions ne sont pas de l'architecture. Une construction commence à être architecture à partir du moment où les proportions de cette construction, la qualité de ses matériaux, le je-ne-sais-quoi qui ajoute comme une touche poétique à l'ensemble, nous retiennent, nous étonnent, nous touchent ou nous émeuvent.

Un écrivain anglais du siècle dernier, John Ruskin, disait qu'un édifice religieux n'est pas seulement fait pour abriter la communauté des fidèles, mais aussi pour nous émouvoir.

L'architecture est donc une construction qui nous émeut par sa beauté, qui nous transporte de la même manière qu'une musique, une peinture, un livre passionnant.

Une construction devient architecture à partir du moment où elle est œuvre d'art.

Mais attention, les constructions modestes, les maisons, les écoles peuvent être, sont parfois des œuvres d'art. L'architecture n'est pas le domaine réservé des palais et des églises. Si les palais et les églises sont souvent plus beaux que les logements ordinaires, c'est que l'on n'a pas mesuré le prix des matériaux, que le travail en a été lent et précis, qu'un spécialiste, qui s'appelle l'architecte, a dessiné avec talent les plans de ces édifices.

Aucune raison que les logements ordinaires, les écoles, les bureaux de poste, les salles de sport, ne soient pas dessinés avec autant de talent que les palais et les églises. D'ailleurs certains le sont. Par exemple, la salle omnisports de Bercy, à Paris, à la fois prouesse technique, espace convenant parfaitement à sa fonction (abriter de grands spectacles et de nombreux spectateurs) est une construction originale et belle, déjà devenue une sorte de signal et de symbole à l'est de la capitale. Elle a été construite par deux architectes associés, Andrault et Parat, auteurs de quelques autres beaux morceaux d'architecture, notamment ce que l'on appelle les Pyramides d'Évry qui, justement, sont des immeubles d'habitation que l'on regarde avec plaisir.

En réalité, si le nombre de constructions laides, malcommodes, tristes, sont si nombreuses, c'est que les hommes qui, pourtant, passent la majorité de leur vie dans des espaces couverts, se préoccupent peu d'architecture. Il leur semble qu'il existe une sorte de fatalité qui veut que tout environnement construit pour le plus grand nombre soit sinistre. On appelle d'ailleurs communément architecture toute construction, que celle-ci soit laide ou belle. Si bien que l'architecture est ainsi entachée d'une défaveur, et les architectes avec elle, que l'on tient pour responsables de toutes les horreurs construites.

Il est vrai que beaucoup de ces horreurs sont édifiées par des architectes diplômés. Mais il en est des architectes comme de tous les autres professionnels. Il en existe plus de mauvais que de bons, plus de je-m'en-foutistes que de passionnés. Le talent ne court pas les rues et le génie est exceptionnel. Ce qui n'excuse pas les malfaçons, les erreurs, les aberrations, la bêtise, de tant de constructions.

On peut dire que l'architecture commence avec nous-même, avec notre propre corps.

Le corps humain est en effet une architecture qui, comme l'architecture d'une maison ou de tout autre immeuble, comprend une structure (les os), des éléments de tension (les muscles, les nerfs), de remplissage (les chairs), de revêtement (la peau) et tout un système de machineries internes (pompes, tuyaux, filtres) relié à l'extérieur par des orifices et faisant circuler des liquides et des gaz.

Architecture complète donc, que notre corps, dont la structure (la charpente) est étonnamment légère tout en étant flexible et mobile. La masse d'un corps de soixante-quinze kilos n'est en effet soutenue que par un squelette qui pèse sept kilos cinq cents, soit le dixième du poids de l'ensemble. Sept kilos cinq cents d'os assemblés en vertèbres, côtes, rotules, emboîtements, jointures, peuvent donc supporter non seulement la charge du corps, mais aussi le poids que portera ce corps, par exemple un sac de quatre-vingts kilos. C'est donc vingt fois son poids au minimum que peut soutenir notre squelette.

Enveloppant le corps, la peau peut se comparer à une architecture de façade.

Elle protège et climatise. Par-dessus cette peau, nous ajoutons des vêtements,

architecture de protection encore, mais aussi de parade. Les vêtements, les bijoux, sont le décor ajouté à la construction première du corps. Les vêtements constituent un abri individuel. *A cet abri individuel, il a fallu trouver un abri collectif* et il semble bien que ce fut d'abord *un abri naturel, la caverne* qui, aménagée peu à peu par l'homme, devint *grotte*. L'homme de la préhistoire, celui du paléolithique supérieur, qui vécut entre quarante mille et neuf mille ans avant notre ère est appelé « l'homme des cavernes » parce qu'il se réfugia dans ces abris naturels. En les façonnant pour ses besoins, en les décorant de figures d'animaux comme à Lascaux en France, et à Altamira en Espagne, il aspirait à ce que ces constructions deviennent architectures.

De la forme de cet habitat primitif découlent les hypogées (ces sculptures creusées dans le sol par les Égyptiens, les

Iraniens et les Étrusques), les cryptes des églises et même les dômes des plus merveilleuses coupoles. Et aussi tout ce qui concerne les constructions souterraines : caves, tunnels, catacombes, métro, mines.

Bien après la préhistoire, les grottes restèrent pendant longtemps habitées par des marginaux : proscrits, révoltés, brigands, qui y trouvaient refuge. Les Camisards des Cévennes, ces protestants révoltés contre Louis XIV, vécurent encore longtemps dans des grottes, de 1685 à 1704.

Dans certaines régions, les gens ont ajouté aux grottes des constructions en pierre et ont ainsi créé un type d'habitat que l'on nomme troglodyte. Rocamadour, Les Baux-de-Provence ont été des villages troglodytes. Il existe encore des villages troglodytes habités en Touraine.

Après la grotte, *la cabane en planches. Une construction simple, formée de poteaux et de poutres. Cette simplicité se pra-*

tique encore puisque l'architecture moderne, qu'elle soit métallique ou en béton armé, utilise ce même système de poteau-poutre.

Le temple grec, si admiré, modèle pendant des siècles pour les architectes, est lui-même issu de la cabane primitive : des poteaux (colonnes de marbre ornées ou non) qui supportent une poutre de pierre (nommée architrave). Que ceux-ci soient surmontés d'une corniche, d'un fronton ou d'un tympan orné de sculptures en bas-relief n'y change rien. *Le modèle, c'est la cabane primitive*. A tel point que, à la base des colonnes de marbre, se trouve une galette minérale, simple rappel de la pierre posée jadis sous les piliers de bois pour les empêcher de pourrir. Comme quoi, ce qui fut une fonction et qui n'est plus nécessaire peut devenir un style.

Construire c'est d'abord imaginer une structure qui supporte un toit.

L'idée de l'architecte est d'offrir un abri artificiel qui protège ses habitants du froid, de la chaleur, du vent, des animaux sauvages, des malfaiteurs. Au toit s'ajoutent donc des murs qui ferment l'espace construit. Que l'on veuille multiplier les logements, et l'on entasse ceux-ci les uns sur les autres, le plafond d'un logement devenant le plancher de celui qui le surmonte. Structurellement, un gratte-ciel n'est rien d'autre que la superposition de cinquante ou cent cabanes édifiées suivant le principe immémorial poteaux-poutres. A la différence près qu'un gratte-ciel ne pourrait tenir debout s'il était édifié en bois et que seules les structures modernes en acier ou en béton armé permettent une si grande hauteur.

Regardons cette construction, la plus

modeste ou la plus somptueuse. Le principe est le même : réaliser un espace clos. Ce qui se révèle le plus important pour l'habitant, c'est évidemment l'intérieur de l'architecture, l'espace où il va vivre, circuler. Le passant aime ou déteste une architecture qu'il voit de l'extérieur, l'habitant, lui, ne perçoit que l'intérieur de cet espace construit. C'est l'espace intérieur qui est son domaine. Il pratique l'architecture en son envers. Si bien que l'on a pu soutenir que l'art de l'architecte consistait principalement à faire des trous, à creuser des vides.

Dans une architecture, les vides sont aussi importants que les pleins. Aménager l'espace, voilà la mission de l'architecte.

Pour l'architecte, l'espace est une donnée qu'il s'agit d'organiser, de classifier, de remplir. Souvenons-nous que le Dieu de la Bible fut appelé par Voltaire « le grand architecte de l'univers ». Pourquoi grand architecte ?

Parce qu'il met de l'ordre dans le chaos originel et qu'il construit le monde en lui donnant des règles. En construisant un mur, nous séparons deux espaces. En construisant quatre murs, nous créons un espace nouveau, cet espace intérieur dans lequel nous allons vivre. Et si nous subdivisons encore cet espace intérieur par des cloisons, nous démultiplions l'espace pour que chaque habitant de la maison (ou du logement) puisse bénéficier d'un espace privilégié, d'un espace personnel.

D'où les espaces spécifiques que nous connaissons bien : l'espace des repas, du repos, du coucher, du travail. La chambre des parents et la chambre des enfants. Parfois la chambre d'amis. Autant de cloisons et autant d'éloignement de l'espace extérieur. Cloisonner, c'est déterminer l'espace de l'intimité.

C'est aussi atténuer les bruits de l'extérieur, produire un climat sonore et thermique qui n'est plus celui de la rue ; se couper des bruits et de la présence des personnes situées de l'autre côté des murs mitoyens.

Le mur offre non seulement une isolation visuelle, sonore, thermique, mais il constitue aussi une frontière.

Ce mur serait un obstacle infranchissable (et l'espace entre quatre murs une prison) s'il n'était pas percé de portes. La porte, paroi mobile, permet de modifier la sensation du dedans et du dehors selon qu'on la tient fermée (en quoi elle ne se différencie pas de la paroi) ou qu'on l'ouvre. Une porte ouverte, c'est l'espace privé qui devient perméable.

Le dedans et le dehors, l'ouvert et le fermé, l'architecture nous incite à des jeux d'espaces qui sont d'abord des sensations et qui nous amènent à la notion de circulation.

Si, dans l'architecture, les habitants s'approprient l'espace du dedans, ils désirent néanmoins sortir de temps en temps de leur « trou ». Ils veulent « prendre l'air » ou bien ils vont travailler, ils vont à l'école, ils partent faire du sport, il leur faut aller chercher des provisions pour les repas, etc. A l'espace privé, l'architecte doit ajouter des espaces publics : le trottoir, la rue, la place.

On a calculé les dimensions des espaces ainsi nécessaires à la vie d'un individu. Debout, un adulte occupe 25 centimètres de sol, assis 65 centimètres, couché 3,75 mètres carrés. Dans un logement, il est estimé que 16 mètres carrés par personne sont nécessaires (trop de gens disposent, hélas ! de beaucoup moins). S'ajoutent 20 mètres carrés de voirie, 18 mètres carrés pour le parking et les manœuvres de l'auto, 20 mètres carrés pour le sport. On arrive à un total impressionnant puisqu'il faut ajouter les espaces des écoles, des bureaux, des magasins, des usines et ateliers. Et encore, nous ne comptons pas là les espaces verts et tous les équipements collectifs modernes. Au total, plus de cent mètres carrés par personne. D'où l'étendue des villes actuelles et la hauteur des immeubles qui ne cesse de s'accentuer. Les maisons individuelles cèdent la place (bien obligé) à des tours. Puisqu'il n'y a plus d'extension possible au sol, il faut bien empiler les logements les uns sur les autres. C'est moins agréable. La promiscuité provoque des tensions, des stress, des querelles. Mais comme, en un siècle, la population du globe est passée d'un milliard et demi d'habitants à cinq milliards, que peut-on faire d'autre ? Si l'on considère, par exemple, que Paris intra-muros groupe deux millions d'habitants et que, pour chaque individu, cent mètres carrés sont nécessaires, il faudrait donc disposer de plain-pied d'une surface au sol de deux cents millions de mètres carrés. Or, le Paris bordé par le périphérique ne mesure que cent cinq mille mètres carrés. Seule la construction en hauteur, l'édification de sols artificiels, de plus en plus nombreux, permet d'obtenir un minimum vital bien inférieur d'ailleurs aux cent mètres carrés souhaitables pour chaque individu. Paris, à l'étroit, éclate, déborde sur son interminable banlieue en une conurbation de dix millions d'habitants.

En observant le comportement animal, on s'est aperçu qu'une même espèce, trop prolifique et qui manque d'espace, devient agressive. L'homme, étant un animal, n'échappe pas à cette règle. Rien d'étonnant que les grands ensembles d'habitation focalisent la délinquance, les affrontements entre groupes, le malaise social.

Une chose m'a toujours frappé, c'est que les psychologues qui basent leurs études des rapports sociaux humains sur ceux des rats ne s'étonnent pas ensuite que notre environnement soit plus conditionné pour le rat que pour l'homme.

Dans notre vie quotidienne l'architecture a une place importante puisqu'elle régit nos espaces et que tout ce que nous entreprenons est lié à une expérience sans cesse renouvelée des espaces.

La grande idée des théoriciens de l'architecture moderne, que ce soient le Français Le Corbusier, ou les Allemands Gropius et Mies van der Rohe, partait de la conviction que tous les hommes, de tous les pays du monde, sont de même nature, qu'ils se ressemblent tous, malgré des apparences de couleur de peau ou de vêtements différentes, qu'ils sont donc égaux et aspirent tous au confort. En conséquence, le devoir de l'architecte moderne était de concevoir un habitat type, valable pour tous, de dimensions standard, facilement industrialisable et transportable. Ces « cellules » (on pense à la ruche) pouvaient être empilées, juxtaposées. La crise terrible du logement qui sévit dans la plupart des pays du monde pourrait de cette manière être rapidement stoppée. C'est ainsi que Le Corbusier construisit en Inde une grande ville, Chandigarh, suivant ces principes. Mais qu'en est-il aujourd'hui de Chandigarh ? Il semble bien que l'architecture de Le Corbusier, très belle, ne convienne guère à la population indienne, que la « cellule » proposée aux Indiens n'est pas conforme à leur sens de l'espace.

Voilà où le bât blesse : *tous les hommes n'ont pas le même sens de l'espace*, parce qu'ils sont les héritiers de cultures différentes.

Par exemple, les Européens ont l'habitude de dégager le centre de leurs pièces et de placer tous les meubles près des murs. Les Japonais font l'inverse. Tout s'y tient au centre et le pourtour est nu. A Chandigarh, les Indiens ont muré les loggias de Le Corbusier pour y installer des cuisines et ils laissent les chambres à coucher inoccupées, préférant dormir sur les terrasses, plus fraîches la nuit. Ce qui nous étonne, dans une maison japonaise, c'est l'impression du vide. Or, en Europe, les Japonais trouvent nos logements dégarnis parce que le centre des pièces n'est pas occupé. *A chacun son appréhension de l'espace*. Impossible, en conclusion, de concevoir une « cellule » universelle et si, dans nos Grands Ensembles d'Habitations, dans nos HLM, la coexistence de populations de cultures différentes provoque souvent des heurts, n'est-ce pas parce que, justement, on ne propose à des personnes venues de pays parfois lointains qu'un même type de « cellule » ?

L'homme n'est pas un rat. Il n'est pas non plus une abeille. Alors ne parlons plus de « cellule », parlons de maison.

Lorsque vous étiez un petit enfant et que l'on vous demandait de dessiner le lieu où vous aimeriez vivre, que représentiez-vous, sinon une maison, avec sa cheminée fumante, parfois son jardin, ses fenêtres et sa porte qui ressemblaient à des yeux et à une bouche ? Vous représentiez une maison de village et pourtant vous habitiez pour la plupart dans un immeuble collectif.

C'est que nous portons encore en nous, quand nous pensons architecture de l'habitat, l'image de la maison. La maison est un archétype de notre culture.

Et cette maison, nous la voyons surmontée d'un grenier, avec une cave en sous-sol, un escalier, des chambres obscures.

Cette maison est un rêve. C'est à la fois le ventre maternel et la coquille de l'escargot. La cave évoque l'enfer, et le grenier le paradis. Vieux mythes qui, sans doute, ne dureront pas toujours, mais qui imprègnent encore la pensée de beaucoup d'entre nous. A tel point que, dans les HLM, la fascination de la cave dure encore puisque les sous-sols sont l'espace privilégié des jeunes qui en font leurs repaires de rencontres et de jeux. Mais les HLM n'ont pas de greniers, les toits-terrasses éliminant les combles. Donc, pas de paradis, mais toujours un enfer.

Bientôt, plusieurs générations seront nées dans un immeuble collectif. L'archétype de la maison disparaîtra-t-il ? Psychologues et psychanalystes s'entendent pour affirmer que la maison natale s'inscrit en nous d'une manière ineffaçable. Mais il n'existe plus de maison natale. On naît dans une clinique, ou à l'hôpital ; quant à la maison d'enfance, dont on peut considérer qu'elle se substitue à la maison natale, pour la plupart d'entre nous elle n'existe pas non plus.

Il est vrai que nous savons toujours nous trouver un coin, nous aménager un espace (une coquille), aussi petit soit-il, mais qui est notre « bulle ».

Nous avons tous « boudé dans notre coin ». Manière de se séparer de la turbulence des autres.

Une architecture ronde élimine les coins. C'est éliminer une grande part de rêve. Dans un appartement, chacun préfère son coin. Les mots habiter et habitude n'ont pas les mêmes racines latines, et pourtant ils se ressemblent fort. Chacun, dans son habitat, veut imposer ses habitudes. Manière de s'approprier un morceau d'espace.

Vous aimez vous blottir dans une encoignure, dans un espace réduit où vous vous ramassez en boule. Il y a un vécu du coin qui est fait de silence. On se « retire dans son coin » comme dans une île déserte. On s'y tient immobile. On y est en paix. L'adulte qui se remémore sa vie d'enfant se souvient avec émotion de ses espaces de solitude.

Rappelez-vous, vous étiez tout petit. Vous vous trouviez au bord de la mer, sur la plage, avec un seau. Vous aviez rempli ce seau de sable et l'aviez démoulé. Merveille, vous aviez créé une tour ! Vous renouveliez l'opération et une tour nouvelle s'ajoutait, d'autres tours, quatre tours. Il ne vous restait plus qu'à les liaisonner par des murs toujours en sable mouillé et apparaissait un château fort. Puis vous raffiniez en imaginant un donjon, des tourelles, vous creusiez, en haut des murs, des mâchicoulis. Vous veniez d'inventer (pour votre propre compte, car d'autres y avaient pensé avant), vous veniez d'inventer l'architecture. Mais réalisiez-vous que votre architecture était tributaire de la forme d'un ustensile : le seau, et de la forme d'un outil : la pelle ? Bien sûr, vos doigts et la paume de votre main avaient permis de donner un peu plus de liberté à une construction trop rigidifiée par des instruments industrialisés.

Tout comme vous, l'architecte auquel on va confier la réalisation d'un immeuble sera tributaire des matériaux et des outils actuellement utilisés dans la construction.

Sauf si on lui confie un palais à ériger (et même !), il ne sera pas libre de son choix. Le commanditaire (que ce soit un promoteur privé ou l'État) lui imposera d'opter pour le béton armé ou la structure métallique, lui donnera des délais et un budget à ne pas dépasser. Il devra faire ses plans en fonction du désir du promoteur, tenir compte des impératifs des commissions, de la technique des outils modernes ; grues, coffrages, etc. Un plan d'immeuble demande de multiples dessins : coupe, élévation, sans parler de tous les graphiques techniques pour les gaines de chauffage, d'électricité, d'arrivée et d'évacuation des eaux.

Le château fort que vous aviez édifié avec du sable ne comportait pas d'espaces intérieurs. Il ne s'agissait donc pas encore vraiment d'architecture. La difficulté, pour l'architecte, n'est pas d'imaginer la forme d'un bâtiment, mais de percevoir quels seront ses vides, comment ils seront organisés, comment ils se coordonneront entre eux. *L'essentiel de l'architecture, c'est ce qui ne se voit pas, ce qui se trouve derrière les murs de la façade, l'espace dans lequel vivront les habitants.*

Sur la plage, vous avez pratiqué une construction de maçon ; chez vous, on vous a offert pour votre anniversaire un Meccano, ce jeu de construction à pièces métalliques interchangeables. Avec votre Meccano vous construisez des ponts, une tour Eiffel, une gare, un aéroport. Votre travail ressemble plutôt à celui de l'ingénieur, bien que vous n'ayez pas à calculer la portée des pièces que vous assemblez (cette portée a déjà été calculée par les ingénieurs du Meccano). En réalité, il s'agit toujours d'architecture. Certains ingénieurs sont aussi des architectes, comme Paul Andreu qui a dessiné et réalisé l'aéroport de Roissy-Charles-de-Gaulle. La Pyramide du Louvre est l'œuvre d'un architecte sino-américain, Pei, mais c'est aussi un travail d'ingénieur.

Pour nous résumer, *l'architecte est l'homme qui conçoit des espaces*. L'ingénieur, lui, est l'homme du calcul.

L'architecte est un artiste, l'ingénieur un matheux. Mais il existe des ingénieurs-artistes, Gustave Eiffel par exemple, dont toutes les constructions en fer d'une grande hardiesse sont à la fois une prouesse technique et des œuvres d'une parfaite beauté.

L'architecture est invention, poésie.

Vous avez déjà observé que, parmi les mammifères, l'homme est l'animal le plus industrieux, le plus travailleur, le plus avare, le plus féroce et que son obsession de construire n'importe où et n'importe quoi va finir par transformer la planète en une boule bétonnée et asphaltée.

Rares sont les autres mammifères qui se préoccupent d'architecture. A part les rats, bien entendu. Quoique les rats des villes se contentent d'être les squatters des hommes, logeant dans les caves et les égouts que ces derniers se sont donné beaucoup de mal à édifier. Comme quoi les rats sont plus astucieux que les hommes. Les rats des champs, même s'ils occupent volontiers les greniers et les granges, se façonnent des nids bien ronds qu'ils accrochent aux tiges des céréales et qui sont donc détruits à chaque moisson.

Bizarrement, seuls les rongeurs se construisent un habitat. Contrairement à ce que l'on croit communément, l'écureuil ne bâtit pas un abri pour y engranger ses noix et noisettes. Il les enterre en effet au pied des arbres. Par contre, sur les plus hautes branches, il récupère parfois un nid d'oiseau, auquel il donne un toit, le transformant en boule, avec un trou d'entrée. Il recouvre d'herbes l'intérieur de la boule et capitonne le fond avec de la mousse. Voilà un habitat bien douillet.

Les castors sont sans doute les mammifères qui se rapprochent le plus des architectes (mais ne sont-ils pas des sortes de rats ?) puisqu'ils se construisent non seulement des huttes lacustres, mais tout un environnement aquatique : barrages, îles artificielles, pistes de traînage, canaux de transport. Ils sont à la fois bûcherons, terrassiers, maçons, ingénieurs hydrauliques. Non seulement ils coupent des arbres, mais ils soulèvent et transportent des pierres et leurs barrages peuvent faire une centaine de mètres de large.

A part ceux-ci, les autres mammifères préfèrent creuser une architecture souterraine. C'est le cas des taupes, des lapins, des marmottes, des renards et des blaireaux. Cette architecture souterraine est constituée de longs couloirs, de fausses sorties pour dérouter les prédateurs et de chambres à coucher, au plus profond du sol. C'est essentiellement une architecture de protection, faite pour le sommeil, voire pour l'hibernation. Certains tunnels de blaireaux mesurent cent mètres de long et disposent de quarante sorties.

Enfin, les mammifères qui nous sont les plus proches, nos cousins les singes, se préoccupent peu de travailler à quoi que ce

soit, hormis les chimpanzés et les gorilles. Les premiers se construisent tous les soirs une litière dans les branches d'un arbre et les seconds une sorte de paillasse au pied d'un tronc. Mais il ne s'agit là que d'une sorte de hamac dans le premier cas, et de couchette provisoire dans le second. Ces singes ne réutilisent d'ailleurs jamais leurs lits. Difficile donc de parler d'architecture pour ce mobilier provisoire de campeurs.

C'est parmi les insectes, les oiseaux et les poissons que l'on rencontre le plus de maçons, de charpentiers et même d'architectes. Quoi que l'on en dise, ce n'est pas le rat qui pratique une vie de société la plus proche de celle de l'homme, mais la fourmi, l'abeille, le termite. Les psychologues et les biologistes étudient sans doute plus volontiers le rat que la fourmi, parce que le premier est plus facile à disséquer que la seconde, et plus docile.

Les fourmis, les guêpes, les abeilles, les

termites sont d'extraordinaires constructeurs. On pourrait même dire de terribles constructeurs, car leurs villes (ils ne construisent pas seulement des habitacles, mais bien des villes entières) ressemblent plus à des camps de concentration qu'à des cités balnéaires.

Les guêpes, à l'inverse de l'homme, commencent par bâtir leurs immeubles par le toit, puis descendent, étage par étage. Elles se confectionnent un logement confortable et climatisé en rongeant avec leurs mandibules le bois des poutres et des planches. Liant la sciure avec leur salive, elles confectionnent une pâte qui est tout simplement du papier, ce papier que l'homme n'a su fabriquer que très tardivement, à la fin du Moyen Age en Europe, en observant justement le travail des guêpes.

A la différence des guêpes, auxquelles elles ressemblent pourtant, les abeilles ne sont pas papetières, mais maçonnes et couturières. Pour construire leurs ruches, véritables cités aussi closes que des forteresses, elles font un mortier de sable et de salive et découpent aussi des feuilles. Une fois les murs construits, elles se chargent de l'architecture intérieure, la plus compliquée, la plus précise, entièrement basée sur un modèle hexagonal en cire. Ces alvéoles sont autant de cellules, toutes semblables. Une ruche est donc une ville bruissante de travailleuses qui vont butiner les fleurs des champs et apportent ce nectar pour le transformer en miel. A la fois habitat collectif et usine, les issues de la ruche sont gardées par des soldats qui se lancent sur les importuns. Autant de pilotes d'hélicoptères veillant sans cesse à l'invulnérabilité de la cité. Et, sur ses flancs, des travailleuses bouchent les fissures avec un mastic de résine.

Nous savons que l'homme est, hélas ! le plus travailleur des mammifères (à l'exception du castor), mais, comparé à l'insecte, il sait quand même prendre du bon temps, se laisse aller à rêvasser. Rien de tout cela chez les abeilles, les fourmis et les termites. C'est le monde que l'on pourrait dire parfait, mais d'une perfection glacée. Un monde où tout est réglé une fois pour toutes, sans aucune contestation possible, un monde où la productivité est érigée en loi absolue et la discipline en habitude. C'est ce que les auteurs de science-fiction appellent « le meilleur des mondes », avec une nuance d'ironie et une sueur froide dans le dos. Car il n'est pas si éloigné du nôtre. Simplement, pour l'instant, les hommes osent encore se rendre indociles. A propos des camps de concentration allemands et russes, des auteurs ont parlé d'« univers concentrationnaire ». Là aussi le travail et l'obéissance étaient érigés en lois absolues, jusqu'à l'épuisement mortel des prisonniers.

A la différence des déportés, les abeilles,

les fourmis, les termites sont des prisonniers volontaires, qui ne semblent pas avoir conscience de leur condition carcérale. Ils sont parfaitement conditionnés pour leur état. C'est ce dont, parmi les hommes, rêvent tous les dictateurs.

Contrairement aux guêpes qui, nous l'avons vu, commencent leurs constructions par le toit, les fourmis font débuter leur architecture sous terre. Puis elles édifient un monticule avec des brindilles, des aiguilles de pin, de la mousse, des herbes qu'elles consolident par un mortier fait d'un mélange de terre et de sécrétion. Du sous-sol au sommet de la fourmilière, des couloirs relient les compartiments. Pour transporter leurs matériaux, les fourmis tracent des routes à leur mesure. Elles savent aussi coudre des feuilles, jeter des ponts. Leur activité est telle qu'elle paraît absurde et désordonnée. Mais il n'en est rien.

Comme les fourmis, les termites creusent des couloirs souterrains et recouvrent des galeries. Mais leurs termitières sont si hautes (certaines atteignent sept mètres de haut) qu'ils sont obligés de construire des cheminées d'aération.

Une si grande concentration d'habitants, en un même lieu étroit, pose le problème de l'évacuation des déchets et notamment des excréments. Pour le résoudre, les hommes ont pendant longtemps utilisé des porcs, qui, dans les rues, dévoraient les détritus. Jusqu'à ce que, au XIXe siècle seulement, se construisent les égouts et que soit institué un système de ramassage des ordures par des bennes. Auparavant, et ce n'est pas bien vieux, l'homme s'était habitué à vivre dans ses ordures et à respirer des odeurs pestilentielles.

Les termites ne connaissent pas cette putréfaction car ils ont su utiliser avec ingéniosité leurs excréments qui leur servent à maçonner leurs demeures.

Vous pourriez être tenté de considérer les guêpes, les abeilles, les fourmis et les termites comme de grands architectes. Or ces insectes ne sont pas du tout des architectes, mais seulement des constructeurs. D'extraordinaires constructeurs certes, mais sans aucune invention. Ils réalisent, une fois pour toutes, le même modèle d'architecture. Ce sont des artisans prodigieux, mais pas du tout des artistes.

Lorsque l'apiculteur offre aux abeilles une ruche préfabriquée, celles-ci s'en contentent d'ailleurs, se bornant à édifier à l'intérieur leurs perpétuels habitacles hexagonaux. On pourrait dire de l'abeille et de la fourmi que ce sont des robots.

Si la plupart des insectes travaillent comme des maçons, l'araignée, elle, produit depuis des temps immémoriaux ce que les architectes les plus audacieux d'aujourd'hui appellent de l'architecture textile. L'araignée tisse sa toile avec un fil de soie qu'elle tire de son corps et qui constitue à la fois son logement et un piège à mouches. Pour son logement, elle édifie une sorte de cocon. Elle se tient au centre de la toile, dans son poste d'observation. Elle y guette ses victimes qui viennent se prendre dans les fils. L'araignée sait aussi coudre des feuilles.

Et l'escargot ? Comment ne pas penser à l'escargot qui transporte sa maison sur son dos, qui se cache à l'intérieur de sa coquille si un danger survient, qui l'hiver bouche la porte et dort. Voilà un précédent fameux des camping-cars. Mais le malheureux escargot est attaché à sa maison. Il la traîne partout. C'est un vrai boulet de forçat. Cette coquille, l'escargot la produit lui-même avec son propre corps. C'est une architecture de sécrétion, par là même une architecture tout à fait involontaire. C'est comme si, de notre sueur, se formait une coquille sur notre corps qui se transformerait peu à peu en carrosserie. Bigre ! Pas gai, tout ça !

Plus amusant est le bernard-l'ermite, ce squatter. Il cherche une coquille vide et s'en fait un habitacle. Bel exemple de l'emploi d'une architecture préfabriquée.

Pour nous résumer, la plupart des insectes ne produisent pas leurs matériaux de construction, qu'ils récupèrent, mais par contre se servent de substances organiques pour leurs maçonneries. Beaucoup d'animaux sont de bons terrassiers. Ils creusent, font des tunnels. Beaucoup savent aussi tisser. Aucun d'entre eux n'utilise des outils de sa fabrication. Leurs seuls outils sont corporels : dents, becs, pattes, queue (pour le castor) et toute autre partie du corps s'il en est besoin.

C'est seulement à propos des nids d'oiseaux que l'on peut parfois parler d'architecture.

Comme tous les autres animaux, les oiseaux construisent leurs nids suivant des schèmes issus de leur caractère génétique. Chaque oiseau réalise son nid suivant des méthodes propres à chaque espèce et qui ne varient jamais. Toutefois, certains nids sont mieux faits que d'autres, plus solides. Il y a des nids qui sont vraiment bâclés. Il y en a qui sont moches, d'autres qui sont très beaux. Certains oiseaux sont donc de simples constructeurs, des artisans plus ou moins bons, et d'autres de véritables architectes.

Souvent, c'est l'oiseau mâle qui assemble la charpente du nid et la femelle se charge de l'aménagement intérieur. L'arrondi du nid est créé par un mouvement de rotation de l'oiseau qui s'est servi pour édifier son habitacle de plumes, de poils, de feuilles, de fibres diverses, de terre, de sa propre fiente et de sa salive durcie. Les oiseaux de petite taille dérobent souvent des toiles d'araignée qui leur permettent de ficeler leurs brindilles. Certains oiseaux partagent avec les hommes de mauvaises habitudes, celles par exemple de piller le nid des autres ou même simplement de s'y installer en chassant les propriétaires.

L'oiseau s'aménage presque toujours un logement strictement familial, à l'exception des tisserins qui édifient dans de grands arbres des nids très proches les uns des autres qu'ils relient par des ponts. Il s'agit donc là d'immeubles collectifs d'oiseaux avec des chambres séparées pour une vingtaine de couples.

Est-ce parce que le moineau est devenu aussi familier, un oiseau des villes quelque peu clochard, qu'il construit des nids aussi mal ficelés, ni faits ni à faire ? Et pourtant le moineau appartient à l'espèce industrieuse des oiseaux tisserands. Mais c'est un tisserand devenu chômeur et quelque peu flemmard. Sympathique, de surcroît.

Lorsque les oiseaux, de constructeurs se font architectes, c'est en général pour séduire une femelle. Certains mâles fabriquent plusieurs nids qu'ils montrent aux femelles pour qu'elles puissent choisir. Les mâles aux nids mal ficelés restent célibataires. L'architecture des oiseaux est donc une architecture de parade. Si le nid n'est choisi par aucune femelle, le mâle le détruit et en construit un autre qu'il essaie de faire plus beau. On peut donc parler là de véritables créations personnelles et même d'une émulation suscitée par la concurrence.

Certains oiseaux mâles, en Océanie ou en Asie, construisent, pour attirer des femelles, des sortes de tonnelles, décorées le plus somptueusement possible, avec des fleurs, des fruits, des plumes de perroquet, des perles de verre dérobées dans les habitations des hommes, ainsi que des boutons et des capsules de bouteilles. Ces oiseaux vont jusqu'à peindre l'intérieur de ces tonnelles avec du jus de baies bleues écrasées au bec. Le sol, tapissé avec soin, devient une piste de danse lorsque la femelle, séduite par tant d'ingéniosité, entre sous la tonnelle. C'est seulement après leurs noces, que ces oiseaux se construisent un nid, lui-même fort beau.

On voit mieux sans doute, par cet exemple, tout ce qui différencie la construction de l'architecture.

L'architecture ajoute un plus à la construction. L'architecture est invention, poésie.

Dans certaines régions, les hommes ont à tel point déboisé que les oiseaux ne trouvent plus d'arbre. Alors ils improvisent. Puisque les arbres ont été remplacés par des poteaux électriques en ciment et que ces poteaux comportent des trous, les oiseaux apportent de la paille dans ces trous et s'en font des habitacles. Là aussi, il y a invention et adaptation.

Les cigognes édifient de très grands nids puisque certains font deux mètres de diamètre. Alors que rares sont les oiseaux qui, d'une année à l'autre, réutilisent les mêmes nids, les cigognes aiment retrouver celui qu'elles se sont construit. Comme celui-ci obstrue souvent les cheminées, les Alsaciens, après avoir consciencieusement étudié la structure du nid des cigognes, ont pensé qu'ils pourraient les éloigner des cheminées en activité en fournissant eux-mêmes des nids installés ailleurs, des maisons préfabriquées pour cigognes en quelque sorte.

Lorsque les cigognes sont revenues et qu'elles ont trouvé ces nids reconstitués par les hommes, elles en ont démonté patiemment les éléments et sont allées les porter sur leurs cheminées habituelles où elles ont façonné un nid à leur manière et à leur endroit préféré. Pas facile de biaiser avec les oiseaux. Ils ne tolèrent pas d'autres architectes qu'eux-mêmes.

Quant aux poissons, leurs nids aquatiques sont d'une conception proche de ceux des oiseaux. Ils les édifient avec des algues, des plantes, des racines. Certains façonnent des nids d'écume.

Certains hommes-architectes élaborent actuellement une architecture marine qui viendra concurrencer celle des poissons.

Nous avons tous vu au cinéma, ou à la télévision, les films du commandant Cousteau et ses habitacles mobiles qui se meuvent dans les eaux profondes. Un architecte, Jacques Rougerie, s'est spécialisé dans les prototypes d'architecture marine. Il a publié un livre que vous aimerez beaucoup : *Habiter la mer.*

Car lorsque l'on parle d'architecture, ne pensons pas seulement à maison, à immeuble, à gratte-ciel de bureaux. Disons qu'il s'agit là de la catégorie la plus commune. On l'appelle *l'architecture civile* pour la différencier de *l'architecture religieuse* (églises, couvents), de *l'architecture industrielle* (usines, raffineries de pétrole), de *l'architecture militaire* (forteresses, bastions, bunkers), de *l'architecture navale* (bateaux, installations portuaires).

Avec Jacques Rougerie et les architectes américains et japonais qui travaillent dans le même esprit, il s'agit encore d'autre chose, de tout à fait nouveau, qui s'apparenterait plutôt à l'architecture souterraine (si elle n'était pas transparente) : l'architecture sous-marine.

Les modules que Jacques Rougerie et son équipe ont immergés dans l'Atlantique ou la Méditerranée ressemblent à d'énormes méduses. Garnis de hublots, ils permettent d'observer le fond de la mer. Les photos de poissons et de plongeurs, réalisées derrière ces hublots, sont superbes. Mais les projets de Rougerie vont beaucoup plus loin que ce simple poste d'observation. Il a dessiné des villages sous-marins, des fermes sous-marines, un centre biologique sous-marin, une université de la mer, etc. Avec lui, le rêve de Jules Verne décrit dans *Vingt Mille Lieues sous les mers* devient presque une réalité. Il est vrai que toutes les anticipations de Jules Verne se sont concrétisées. Alors pourquoi pas celle-là ? Jules Verne avait décrit une île artificielle dans son roman *L'Ile à hélice*. Ces îles flottantes existent aujourd'hui (plates-formes pétrolières). L'aquaculture amènera fatalement ces *« paysans de la mer »* dont parle Rougerie et leurs *« fermes marines »*. La recherche pétrolière au fond des océans demandera des architectures sous-marines pour les plongeurs qui ont besoin de paliers de décompression. Quant aux militaires, il y a déjà longtemps qu'ils ont posé au fond de l'Atlantique et du Pacifique de redoutables engins sous-marins.

De toutes les architectures, l'architecture navale est sans doute la plus parfaite. Jules Verne, encore lui, a consacré aux premiers paquebots un roman qu'il a appelé avec raison : *Une ville flottante*. Les grands paquebots, comme le *Normandie*, qui reliaient autrefois Le Havre à New York étaient en effet de véritables villes flottantes puisqu'ils comprenaient tous les éléments d'une ville terrestre : l'habitat dans la multiplicité des cabines ; le travail dans ses cales avec toutes les machineries ; le loisir avec ses cinémas, piscines, salles de jeux ; l'alimentation avec ses restaurants et ses bars ; des espaces privés et des espaces publics.

Ces paquebots, où la vie des passagers et de l'équipage était réglée comme une horloge, ressemblaient à des ruches. Puisque la vie communautaire y paraissait parfaite (mais elle n'était supportée par les passagers que parce qu'elle était provisoire), les architectes modernes ont été séduits par les paquebots. Le Corbusier, notamment, a pensé aux paquebots lorsqu'il a dessiné son immeuble dit « Cité radieuse » dont on peut voir des exemples à Marseille et à Nantes. Il a aussi pensé, en dessinant ses logements, aux cabines de bateaux et aux compartiments de wagons-lits. Là, le maximum de confort est donné en effet dans le minimum de place.

L'architecture navale ne concerne pas seulement les paquebots, en voie de disparition, remplacés par les avions gros-porteurs. Tous les bateaux sont conçus à la fois par des ingénieurs et des architectes. La fonction est impérative : flotter, résister à la tempête, prendre bien le vent (en ce qui concerne la coque) et utiliser le plus judicicusement possible l'espace limité offert aux navigants. Il est certain que l'aménagement intérieur d'un bateau, que ce soit un cargo ou un voilier de plaisance, est toujours un modèle d'efficacité.

Plus que partout ailleurs, dans le bateau, comme dans l'avion, l'architecture et la fonction sont liées et il en résulte le plus souvent des objets à la fois efficaces et beaux à voir. Ce qui est bien le propre de l'architecture.

L'architecture a pour mission première de *protéger* (du froid, du chaud, du vent, des regards des voisins, des intrusions d'indiscrets ou de voleurs). C'est une boîte que l'on peut ouvrir et refermer.

L'architecture peut aussi être un *signal*, un point de repère : le phare, la tour, le sémaphore, le clocher, le minaret.

L'architecture peut aussi être une *machine* : le moulin à vent ou à eau, le barrage hydraulique, l'écluse.

Si l'architecture a pour mission première de protéger, elle peut également être conçue pour inspirer la crainte, pour effrayer celui qui voudrait attenter à la tranquillité de celui qui la possède. Les châteaux forts du Moyen Age, avec leurs ponts-levis, leurs poternes, leurs hauts murs appuyés sur des rocs, leurs créneaux, leurs meurtrières, étaient bâtis pour terroriser l’adversaire. Les forteresses de Vauban, dont on peut voir encore de nombreux exemples (par exemple les citadelles d’Arras et de Lille, les forts de Collioure, de Belle-Ile-en-Mer, de Besançon et la ville fortifiée de Neuf-Brisach), constituent l’un des plus parfaits modèles d’architecture militaire. Plus près de nous, les bunkers construits pendant l’Occupation allemande, en France, de 1940 à 1945, à l’initiative de Hitler qui dessina lui-même les esquisses, étaient destinés bien sûr à résister aux bombes et aux obus, mais leurs architectes y avaient ajouté un air menaçant. Ces bunkers ressemblaient à des bêtes tapies dans le sable ou le roc, prêtes à bondir sur l’assaillant.

Si l'architecture religieuse doit émouvoir, l'architecture militaire doit effrayer. C'est là que se place ce « on ne sait quoi », cet « en plus » (en plus de la stricte fonctionnalité) qui est justement le propre de l'art.

C'est le propre de l'architecture de défier le temps.

L'histoire de l'architecture est longue, aussi longue que celle de notre civilisation, aussi longue que l'histoire des villes. Comparée à l'histoire du monde, il s'agit néanmoins d'un temps très court. Si l'homme des cavernes est vieux de quarante mille ans, l'architecture n'est âgée que de cinq mille ans, c'est-à-dire contemporaine des premières cités qui se construisirent au Moyen-Orient où naquit alors la civilisation urbaine qui, bien plus tard, devint la nôtre.

Le premier architecte dont on a retenu le nom est égyptien. Il s'appelle Imhotep, auteur de la pyramide à sept degrés du roi Djoser. L'Égypte antique, passionnée d'architecture, surtout d'architecture funéraire puisque les pyramides sont des tombeaux, compta de très nombreux architectes, mais leurs noms ne nous sont pas parvenus. Il en est de même de la plupart des architectes grecs et pourtant la Grèce antique fut vraiment le berceau de l'architecture européenne, celle qui lui servit pendant longtemps de modèle. L'architecte grec le plus connu est sans doute Eupalinos de Mégare, qui vécut cinq cents ans avant notre ère. Et tout cela à cause d'un poète du XXe siècle, Paul Valéry, qui imagina un dialogue d'Eupalinos avec Socrate, sur le thème de l'architecture. En foi de quoi Eupalinos est devenu le prototype de l'architecte grec. C'est un bon exemple de la force émotive de la poésie, et du pouvoir du livre.

Paul Valéry fait dire à Eupalinos :

« Les créations de l'homme sont faites, ou bien en vue de son corps, et c'est là le principe que l'on nomme *utilité*, ou bien en vue de son âme, et c'est là ce qu'il recherche sous le nom de *beauté*. Mais, d'autre part, celui qui construit ou qui crée, ayant affaire au reste du monde et au mouvement de la nature, qui tendent perpétuellement à dissoudre, à corrompre, ou à renverser ce qu'il fait, doit reconnaître un troisième principe, qu'il essaye de communiquer à ses œuvres, et qui exprime la résistance qu'il veut qu'elles opposent à leur destin de périr. Il recherche donc la *solidité* et la *durée*. »

C'est le propre de l'architecture, en effet, que de défier le temps. Les pyramides égyptiennes, construites pour les pharaons morts, devaient demeurer éternelles. Sans doute ne seront-elles pas éternelles, mais en tout cas elles ont duré plus longtemps que la civilisation égyptienne. Elles durent encore.

Et à Athènes, l'Acropole, bien que mutilée, se dresse dans le bleu du ciel grec comme au plus beau temps de Périclès, il y a deux mille cinq cents ans.

De même, les architectures romaines survivent bien après la mort des derniers Césars. On se sert toujours du théâtre romain d'Orange pour donner des spectacles. Le pont du Gard, la Maison carrée de Nîmes, le Colisée de Rome, témoignent, parmi tant d'autres œuvres, du génie des architectes romains.

Que connaîtrions-nous du Moyen Age, s'il ne subsistait ses châteaux forts, ses cathédrales, ses hôtels de ville ?

L'architecture, le style architectural, constitue aussi le témoignage d'une époque qui s'exprime par ce corps de pierre comme elle s'exprime par la musique, la littérature et la peinture.

L'architecture grecque antique est une architecture de plein air, une architecture du soleil. L'architecture romaine est avant tout une architecture de fonctionnaires et de militaires où l'utilité prime. L'architecture médiévale est à la fois une architecture de la peur (les châteaux forts) et une architecture d'élan mystique.

C'est donc la cathédrale qui explique le mieux le Moyen Age. De 1050 à 1350, il se construira en France quatre-vingts cathédrales et cinq cents grandes églises. Une cathédrale devait permettre de réunir toute la population d'une ville. Par exemple, la cathédrale d'Amiens était conçue pour les dix mille habitants que comprenait alors la cité. Par contre, les églises médiévales abritaient en général deux cents paroissiens. Si bien que certaines villes de dix mille habitants disposaient de cinquante églises plus une cathédrale.

L'église médiévale n'était pas seulement le lieu du culte mais l'édifice privilégié de la vie communautaire. On y déposait le trésor de la cité (elle servait donc de banque), les associations de métiers y organisaient des festins et même des spectacles. La cathédrale exaltait Dieu, bien sûr, mais aussi les corporations bourgeoises qui finançaient la construction de l'édifice. Les vitraux constituaient souvent des panneaux publicitaires pour ceux qui apportaient la meilleure contribution. C'est ainsi que chaque vitrail de la cathédrale de Chartres représente le travail de la corporation qui le sponsorisa.

Il est habituel de dire que les cathédrales n'ont pas été construites par des architectes, qu'elles sont le produit du travail collectif de la communauté des fidèles. Évidemment, la communauté des fidèles a participé à la construction des cathédrales, soit en offrant son obole, soit en charriant des pierres et des poutres de bois. Mais avancer que les cathédrales n'ont pas été construites par des architectes est absolument faux.

Les architectes des cathédrales, parfois fils de serfs émancipés, jouissaient d'une telle estime qu'ils devenaient souvent l'ami du roi ou de l'évêque et qu'ils percevaient un salaire annuel suffisamment important pour pouvoir entretenir cheval et domestiques. Suprême honneur, ils étaient fréquemment enterrés dans une des cathédrales dont ils avaient dessiné les plans. C'est ainsi que l'on sait que la cathédrale de Sens et celle de Cantorbéry ont été conçues par Guillaume de Sens, celle d'Amiens par Robert de Luzarches, puis Thomas et Regnault de Cormont, celle de Reims par Robert de Coucy pour le plan d'ensemble, par Jean Leloup pour le portail, puis continuée par Gaucher de Reims, Bernard de Soissons et Jean d'Orbais. On sait encore que Villard de Honnecourt construisit la cathédrale d'Arras et Pierre de Montereau la Sainte-Chapelle.

Après eux, on connaîtra toujours le nom des architectes. La Renaissance se fait gloire de ses architectes, comme de ses sculpteurs et de ses peintres. C'est un sculpteur, Michel-Ange, qui conçoit l'architecture de la coupole de la basilique Saint-Pierre de Rome. C'est un sculpteur, le Bernin, qui réalise la double colonnade devant la même basilique. Parfois, des générations d'architectes se sont succédé pour construire un édifice dont la réalisation a duré des siècles. A Paris, le Louvre actuel fut commencé au XVIe siècle par Pierre Lescot, continué par Claude Perrault au XVIIe et terminé par Percier, Fontaine, Visconti et Lefuel au XIXe siècle.

Au XIXe siècle, où l'industrialisation transforme et la vie en société et le cadre urbain, l'homme de l'industrie, c'est-à-dire l'ingénieur, tend à supplanter l'architecte. Ce sont des ingénieurs qui imaginent la structure des gares, des installations portuaires nouvelles, des usines, des silos à grains. Et ce n'est pas un hasard si le constructeur qui nous paraît le mieux symboliser ce XIXe siècle est un ingénieur : Gustave Eiffel.

Au XXe siècle, la complexité des constructions importantes : gratte-ciel, stades, aéroports, implique l'association entre architecte et ingénieur. Le grand constructeur actuel est bicéphale.

Notre architecture européenne, comme toute notre culture, prend ses bases dans la Grèce et dans la Rome antiques. C'est d'un mot grec, *arkhitekton*, que vient notre mot français : architecte. A l'association poteau/poutre de l'architecture grecque, les Romains apportent la nouvelle technique des arcs et des voûtes (l'arc existait néanmoins dans l'architecture égyptienne et la voûte dans l'architecture orientale). Ils apportent aussi la monumentalité de ces grands volumes que sont les basiliques, les thermes, les arcs de triomphe, les aqueducs, les cirques et théâtres.

L'histoire de l'architecture est indissociable de l'histoire des techniques : la colonne et l'entablement dans l'Antiquité, la croisée d'ogives au Moyen Age, la coupole à la Renaissance qui redécouvre la beauté de la Rome antique.

L'architecture des églises romanes, c'est la coquille ou une sorte de muscle : la fascination du vide, de l'espace interne.

Le gothique, c'est une architecture de nerfs et d'os. Une église gothique, sorte d'écorché, tient sa beauté de son ossature, toujours soulignée. Les arcs-boutants, les contreforts, sont des bras et des biceps. La lumière, passant à travers les couleurs des vitraux, produit un jeu d'ombres et de lumières. L'église gothique c'est aussi le reflet de la forêt médiévale, immense, qui recouvre encore une grande partie du territoire. La croisée d'ogives ressemble à la voûte des grands arbres qui se rejoignent.

La Renaissance, c'est l'ordre mathématique, le retour à l'humanisme gréco-romain. Mais aussi parfois la folie décorative, comme dans le Dôme de Milan.

Importance de l'échelle, dans l'architecture. Pas l'échelle pour grimper le long des murs, bien que cet instrument soit toujours employé par les maçons, mais l'évaluation d'un ordre de grandeur. L'architecte de l'église de la Madeleine, à Paris, voulut imiter un temple grec mais, ne tenant pas compte de l'échelle des valeurs, il aboutit à une caricature de l'art grec. Un temple grec reflétait la pureté et la simplicité, la Madeleine extériorise l'enflure et la redondance.

On en revient toujours à la question de l'espace, donnée fondamentale de l'architecture. Certains espaces tirent leur beauté de ce qu'ils sont statiques, d'autres de ce qu'ils sont dilatés.

Espaces et articulation de ces espaces. La rue de Rivoli, à Paris, nous plaît par sa symétrie. Mais l'avenue de l'Opéra, dont tous les immeubles ont été construits par un seul architecte, nous plaît par son asymétrie, si subtile qu'on ne la perçoit pas au premier coup d'œil.

L'architecture contemporaine, héritière de cinq mille ans d'histoire, en use et en abuse. Mais elle possède aussi ses propres traits, ses modèles nouveaux. Il est certain que l'architecture animale l'a influencée, ce qui ne semble pas avoir été le cas des siècles précédents qui attachaient peu d'attention aux bêtes. L'escargot a servi de modèle à l'architecte américain Frank Lloyd Wright lorsqu'il a construit à New York le musée Guggenheim. Quant aux coquillages, ils sont les grands inspirateurs des voûtes en béton comme celle du CNIT à Paris, au Rond-Point de la Défense. Les recherches des ingénieurs se portent vers une réduction minimale de la matière tout en obtenant un maximum de solidité.

Dans cette voie, ils trouvent l'œuf, l'os, les radiolaires, la toile d'araignée, la goutte d'eau, la bulle de savon.

Nous voilà loin de la boîte à sardines, de la cage à lapins, du bidonville, qui ont malheureusement caractérisé l'architecture des années cinquante de notre siècle.

Il y a pourtant une beauté technologique moderne à laquelle nous sommes tous sensibles : celle des ponts (Tancarville en Normandie, Verrazano Bridge à New York), des barrages hydrauliques, des centrales nucléaires, des radômes, des autoroutes superposées. Ces architectures atteignent souvent au grandiose, et même au sublime, comme les grandes architectures du passé : palais, cathédrales... Mais l'architecture de l'habitat, elle, reste moche presque toujours. Ni le XIXe ni le XXe siècle n'ont trouvé le moyen d'élaborer une architecture collective qui soit à la fois belle et confortable.

Et cependant, il n'y a pas une fatalité de la laideur de l'habitat. Combien de fermes, de maisons de villages, nous ravissent par la beauté de leurs proportions, par l'emploi de matériaux simples et élégants ! Ces fermes, ces maisons villageoises n'étaient pas construites par des architectes diplômés, mais par de simples maçons, parfois par les habitants eux-mêmes. On a pu parler ainsi d'une « architecture sans architecte », ou d'une « architecture spontanée » à propos de ces architectures régionales. En réalité, elles ne sont ni spontanées ni anti-architecturales.

Les maçons ou les habitants qui réalisent eux-mêmes des habitats harmonieux sont de vrais architectes. Par contre, les architectes diplômés qui construisent des fadaises, des foutaises, des baraques merdiques, des casernes lugubres, des maisons de style niche à chien, ne sont que des pseudo-architectes. Ils usurpent un titre. Ce sont des faussaires, des escrocs, que l'indifférence (coupable) des gens à l'architecture permet de laisser impunis.

Pour chacun d'entre nous, le monde prend son point de départ, et son point d'ancrage, dans notre demeure. Dans la demeure familiale d'abord, dans le logement des parents où nous trouvons notre coin. Puis, lorsque nous nous envolons du nid, dans l'espace privé que nous nous créons quelque part. Donc l'architecture est une bulle, dans laquelle nous nous enfermons et à partir de laquelle nous rayonnons. Toute construction délimite un espace. Mais ce qui différencie l'architecture de la construction banale, c'est la manière dont cet espace est réparti, ordonné, afin que nous ressentions, lorsqu'il nous enveloppe, un bien-être, un plaisir, dont nous ne percevons pas toujours l'origine.

Dans cet espace, nous plaçons des meubles. Attardons-nous un instant sur ces deux mots qui se ressemblent : meuble et immeuble. Les mots sont à la fois porteurs de codes et stimulateurs de rêves. Meuble et immeuble expriment bien ce qu'ils veulent dire. Ce qui différencie l'immeuble du meuble, c'est que le premier est immobile, et le second mobile. L'immeuble est indéplaçable alors que le meuble est conçu pour être changé d'endroit au gré de l'aménagement intérieur de l'espace habité. La manière de disposer des meubles dans une pièce indique une façon de vivre. Jusqu'au XVIIIe siècle, en Europe, aucune pièce du logement n'avait de fonction fixe, si bien que les tables, les lits, étaient placés ou rangés selon les besoins des habitants. C'est seulement au XVIIIe siècle, et seulement dans les maisons bourgeoises, qu'apparaissent les spécialisations des pièces : la chambre à coucher, la salle à manger, etc. Alors que, auparavant, on traversait les pièces en enfilade, à partir du moment où chacune eut sa fonction, on les relia par un couloir, sorte de rue intérieure.

En 1900, on entassait les meubles dans les pièces, qui devenaient des sortes de musées ou de bric-à-brac. On aspire aujourd'hui à des espaces relativement vides, à l'élimination des meubles trop lourds, donc difficilement déplaçables (armoires, coffres), remplacés par des meubles intégrés (placards, cuisines équipées, salles d'eau standard). A part les sièges et les tables, la tendance est à l'élimination des meubles, comme dans la maison japonaise dont la simplicité et la pureté nous fascinent.

A cette architecture intérieure du prêt-à-porter, le bricolage et le kit apportent heureusement une nuance de personnalisation. L'avenir est peut-être d'ailleurs aux maisons en kit. Pour les immeubles, c'est plus compliqué.

Dans l'architecture japonaise, construite avec une grande rigueur, de la manière la plus géométrique qui soit, sans aucun décor, on est surpris d'apercevoir un poteau biscornu. Ce poteau, qui semble une erreur, est en fait la note inattendue qui fait chanter l'ensemble. L'architecture ne doit être en effet ni trop farfelue ni trop rigide. Pour bien s'exprimer, elle a toujours besoin d'une dominante : tantôt une corniche, tantôt une colonne. Si l'on accentue les verticales, l'impression de hauteur est prépondérante. Si l'on accentue les horizontales, l'illusion d'une plus grande ampleur intervient. Le contraste entre les verticales et les horizontales, entre les vides et les pleins, donne à une architecture son expression. Un accent, un point qui attire le regard sont toujours nécessaires.

Faire chanter l'ensemble ! Oui, le métier d'architecte ressemble à celui d'un chef de chœur. Le poète Paul Valéry fait dire à Eupalinos :

« N'as-tu pas observé, en te promenant dans cette ville, que d'entre les édifices dont elle est peuplée, les uns sont muets ; les autres parlent ; et d'autres enfin, qui sont les plus rares, chantent ? »

Puisque l'architecture est expressive, il en est qui sont raffinées et d'autres vulgaires. On en connaît de dignes et beaucoup de malhonnêtes. Certaines sont pédantes, ostentatoires, vaniteuses, d'autres mesquines. Les meilleures vont de la modestie au dynamisme.

Par cette simple énumération, on voit que *l'architecture est chose vivante.*

Toute notre vie est liée à l'architecture.

Beaucoup de constructions ne possèdent pas de fenêtre. Mais elles ont, nécessité oblige, une porte. Pas de fenêtre, donc un espace intérieur obscur. C'est le cas de la hutte gauloise, en bois ou en torchis, de la borie en pierres sèches, de l'igloo de glace. Dans les maisons de l'Antiquité et du Moyen Age, des fenêtres, mais pas de vitres. Ces fenêtres, très petites, étaient garnies d'un matériau relativement transparent : peau, toile et, à la Renaissance seulement, papier huilé. Le verre avait été inventé depuis longtemps, mais il restait un luxe. Jusqu'au XVIIIe siècle, les glaces soufflées et étalées ne pouvant dépasser quarante centimètres de côté, les fenêtres demeurèrent d'un format réduit.

L'architecture de la transparence n'apparaît qu'au XIXe siècle, avec la construction des serres, des pavillons gigantesques pour les Expositions universelles, les couvertures vitrées des gares, les coupoles translucides des grands magasins, les passages couverts comme la Galerie Victor-Emmanuel à Milan, le Passage Pommeraye à Nantes, le Passage des Panoramas à Paris, etc. L'emploi intensif de deux matériaux : le métal et le verre, suscite un nouveau type d'architecture. La fenêtre disparaît au profit d'un mur de verre. L'édifice lui-même devient transparent. Une nouvelle manière de vivre interviendra lorsque, à cette transparence diurne, s'ajoutera la lumière artificielle nocturne.

Représentons-nous les peuples du Nord, privés de lumière pendant des millénaires, en saison froide. Si bien que l'on a pu soutenir que si la civilisation s'était d'abord épanouie dans le Bassin méditerranéen, c'était parce que la température clémente permettait de vivre dehors en toute saison et que l'on pouvait y lire, y étudier sans se fatiguer les yeux à la lueur d'une chandelle.

Un sociologue, Jean Fourastié, écrit :

« Il est raisonnable de penser que ni Descartes, ni Pascal, ni Newton, n'eussent pu égaler Galilée, s'ils n'avaient pas eu de vitres aux fenêtres de leurs maisons.

« Avant le verre à vitre, il était bien difficile à l'homme d'avoir du génie en dehors de régions où croît l'olivier. »

Les techniques nouvelles apportent des transformations capitales en architecture et, ensuite, cette architecture modifiée, transformée, offre aux habitants de nouvelles manières de vivre.

Notre vie, toute notre vie, de notre naissance à notre mort, est liée à l'architecture. Nous ne nous la coltinons pas, comme l'escargot, sur notre dos, mais elle ne cesse de nous environner. A tel point que, parfois, nous la détestons, que nous voudrions nous en libérer. Mais ce serait pour trouver un autre type d'architecture. Même le clochard, qui croit se passer d'architecture, cherche un abri : l'arche d'un pont, le couloir d'un métro, le porche d'un immeuble. D'autres squattent des logements inoccupés, s'approprient des coquilles vides, lui squatte seulement une encoignure. Il se recroqueville dans un coin, comme un enfant. Il y boude la société, dans son coin. Mais son coin est un rêve d'architecture.

Si je vous parle avec beaucoup d'enthousiasme de la beauté de l'architecture moderne et que vous me répondez que vous ne voyez dans cette architecture que laideur, c'est que nous ne parlons pas de la même architecture. Alors que je pense, que je me représente mentalement une architecture moderne à la fois belle et fonctionnelle, dont j'ai vu des exemples au Japon, aux États-Unis, en Finlande et même en France, vous ne vous remémorez que les constructions dans lesquelles la plupart d'entre vous vivent. Nous avons un dialogue de sourds, ou plutôt d'aveugles.

Car il est possible de parcourir des régions entières, voire des pays, sans rencontrer une architecture qui soit une œuvre d'art. La difficulté de trouver une construction moderne méritant le titre d'architecture est tellement grande que l'on pourrait en arriver à considérer l'architecture contemporaine comme un mythe, une idée de visionnaire.

Il faut bien dire que l'on ne voit presque pas non plus de constructions anciennes dont on peut dire qu'il s'agit là d'architecture. Si l'on excepte les églises du XIIe et du XIIIe siècle, isolées le plus souvent dans des villages lépreux ou des villes sans caractère, les châteaux médiévaux qui ont survécu par miracle aux guerres, les châteaux de la Renaissance (merveilles, que les châteaux des bords de Loire !) dans leur superbe isolement, les palais du siècle de Louis XIV, plus quelques fermes, quelques villages, quelques morceaux de villes, le reste a beau être ancien, il n'en est pas moins laid, difforme, sale, inconfortable.

L'architecture ancienne nous paraît plus belle, plus « humaine », dit-on (comme si tout ce qui était produit par le génie ou le talent de l'homme n'était pas humain !), que l'architecture moderne. C'est que nous aimons d'instinct les matériaux vieillis. La pierre érodée, le chaume moussu, et encore plus les ruines, nous ravissent. Entre la nature et la plupart des matériaux de l'architecture contemporaine, il existe une brisure. Nous sommes passés brusquement du matériau du maçon de village à celui des grandes bétonnières ; du matériau du bûcheron à celui des ouvriers casqués et enrégimentés travaillant dans un décor de grues, de poutres de fer et de carcasses d'acier. Les matériaux de l'architecture nouvelle sont citadins, ceux d'autrefois étaient villageois. Comment nous en étonner puisque la civilisation dans laquelle nous vivons est essentiellement urbaine ?

Béton, aluminium, acier, matières plastiques, sont des matériaux froids et antinaturalistes. Il s'ensuit une beauté qui nous paraît glacée. C'est que la rigueur, l'ordre, le poli, le net, le bien astiqué, priment aujourd'hui sur l'inattendu, le rugueux, le bosselé et un certain laisser-aller qui est parfois le commencement de la grâce poétique.

Hier, la construction des immeubles partait d'une méthode d'empilage. Aujourd'hui il s'agit plutôt d'assemblages. Hier la pierre était taillée. Aujourd'hui elle est coulée (le béton). On soude, on boulonne, plus que l'on ne maçonne.

L'architecture actuelle nous ressemble.

L'architecture a toujours ressemblé à ceux qui la façonnaient. L'architecture de Versailles porte perruque. Celle du XXe siècle est le reflet du monde industriel qui est le nôtre.

L'architecture et la sculpture parfois semblent se confondre. La grande arche de la Défense, à Paris, ce splendide cube ouvert ; la pyramide transparente du Louvre ; s'agit-il de sculpture ou d'architecture ? On s'est posé la même question pour l'Arc de triomphe de l'Étoile et même pour la tour Eiffel. Or, ce qui différencie l'architecture de la sculpture, c'est que la première, seule parmi tous les arts, modèle l'espace. La peinture, qui n'a que deux dimensions, représente à plat l'espace ou le suggère par la perspective. La sculpture jouit de trois dimensions, comme l'architecture (la longueur, la hauteur et la profondeur). Mais à l'architecture s'ajoute une quatrième dimension, plus subtile : le temps. C'est-à-dire le parcours de l'homme dans cet espace, installé en son centre et dont les mouvements rythment le plan. L'architecture est un volume, décomposé en plans, qui divisent ce volume. On ne perçoit donc ce volume qu'en le parcourant. Le plus important dans l'architecture, nous le voyons une fois de plus, c'est le vide, l'espace intérieur. Les façades sont comme les parois d'un meuble, ou comme un emballage, qui renferme l'essentiel : le contenu.

La lumière, la couleur influencent la valeur de cet espace architectural. Le noir rétrécit un volume, le blanc l'agrandit.

A l'architecture proprement dite s'est longtemps ajouté un décor que l'on a tendance aujourd'hui (parfois abusivement) à proscrire. De la Grèce et de la Rome antiques à l'architecture classique du XVIIe et du XVIIIe siècles, à l'architecture académique du XIXe, le répertoire des colonnades, des pilastres, des niches ornées de statues, a perduré. L'employer aujourd'hui ne serait qu'un simulacre, puisque ces signes ne représentent plus rien pour nous, sinon une allusion au passé. Par contre la céramique, la polychromie et même les peintures anecdotiques sur les murs pignons sont des éléments qui peuvent aider à faire chanter une architecture.

Dans l'histoire des civilisations, nous n'admirons pas simplement les constructions parce qu'elles tiennent encore debout, mais parce qu'elles tiennent debout avec beauté. Une construction peut être une simple prouesse technique qui nous étonne, mais cette technique vieillira et la construction en question ne suscitera plus notre attention. Si nous l'admirons toujours, après des siècles, voire des millénaires, c'est qu'à la qualité technique s'est ajoutée la qualité artistique.

Dans ses grandes époques, l'architecture est l'art plastique par excellence, celui qui résume tous les autres.

C'est le triomphe de la verticale, le triomphe sur la matière, sur le poids, sur le déséquilibre. C'est l'ordre qui s'impose dans un monde en désordre.

RÉALISATION : ATELIER PAO ÉDITIONS DU SEUIL.
PHOTOGRAVURE : CHARENTE PHOTOGRAVURE À ANGOULÊME.
IMPRESSION : MAME IMPRIMEURS À TOURS.
DÉPÔT LÉGAL : FÉVRIER 1991. N° 12425 (25984)

Dans la même collection

Rolande Causse
Les Enfants d'Izieu
(Au malheur de mes onze ans)

Pierre Gay
Agnès Rosensthiel
Cris d'Europe

Albert Jacquard
Entretiens imaginés
par Marie-José Auderset
C'est quoi l'intelligence ?

Albert Jacquard
Entretiens imaginés
par Marie-José Auderset
Moi, je viens d'où ?

Julien Green
La Nuit des fantômes

David Beauchard
Jeanne Van den Brouck
Les Leçons du nourrisson savant

David Beauchard
Jeanne Van den Brouck
Le Nourrisson savant et ses parents

Azouz Begag
Catherine Louis
Les Voleurs d'écriture

Pierre Merle
Hoviv
Le Yaourt mode d'emploi